DE L'INSTITUTION
D'UNE
CHAMBRE HAUTE

ÉTUDE
DE DROIT CONSTITUTIONNEL
ET
DE LÉGISLATION COMPARÉE

I

Dans cet admirable chapitre de l'*Esprit des lois* où il nous explique le mécanisme de la Constitution anglaise, Montesquieu a démontré d'une manière irréfutable la nécessité de l'existence d'un corps politique destiné à faire contre-poids au peuple : « Il y a toujours, dit-il, dans un État des gens « distingués par la naissance, les richesses ou les honneurs, « et s'ils n'y avaient qu'une voix comme les autres, la liberté « commune serait leur esclavage, et ils n'auraient aucun in- « térêt à la défendre, parce que la plupart des résolutions « seraient contre eux. La part qu'ils ont à la législation doit « donc être proportionnée aux autres avantages qu'ils ont « dans l'État : ce qui arrivera s'ils forment un corps qui ait « droit d'arrêter les entreprises du peuple, comme le peuple « a droit d'arrêter les leurs. » Ce langage de l'immortel publiciste du dix-huitième siècle s'appliquait, il est vrai, à une société aristocratique et visait la noblesse anglaise. S'ensuit-il qu'il soit inapplicable à un pays démocratique comme le nôtre, où les droits politiques sont le partage de tous, où un esprit d'égalité absolue sacrifie trop souvent *les intérêts* aux caprices *du nombre?* Personne ne le pensera. Plus est grande l'influence du peuple, plus est indispensable l'institution d'une Chambre haute dont le but doit être de diriger et de modérer l'action populaire.

L'existence de deux Assemblées est aujourd'hui un principe de droit constitutionnel admis par tous les publicistes sérieux et sanctionné par la pratique presque unanime des nations civilisées. Dans toute société libre en effet, dans tout État démocratique surtout, il y a de graves dangers à redouter: ce sont ceux que produisent l'entraînement, la précipitation, l'ardeur des passions politiques. Or il est manifeste que ces périls sont bien plus grands avec une assemblée législative unique qui absorbe tous les pouvoirs et, par la force des choses, finit par dégénérer en un redoutable despotisme. Qui donc contrôlera et revisera les lois et décrets arrachés à de tels législateurs, soit par la force, soit dans un moment de surprise? Faudra-t-il assister de nouveau à ce spectacle navrant donné par la Convention d'une législature abrogeant en quelques jours, en quelques heures même ses propres décisions?

Le tempérament d'un peuple ne peut supporter des revirements si subits, des perturbations si fréquentes, à peine du plus sérieux préjudice. Ce qu'il faut à une nation pour marcher dans les voies du progrès et de la prospérité, c'est un régime sagement pondéré sous lequel il est possible d'opérer des réformes, mais non de faire des révolutions, sous lequel un corps recruté dans l'élite de la population a charge de faire prévaloir, dans la direction des affaires publiques, les garanties d'esprit de suite, d'autorité et d'expérience qui seules assurent la stabilité des institutions. Tel doit être le rôle d'une Chambre haute. Mais là ne se bornera point sa mission. Avec sa haute autorité, son sens politique plus calme et plus mesuré, la première Chambre sera l'intermédiaire et le conciliateur nécessaire entre le pouvoir exécutif et l'Assemblée populaire. Elle amortira les conflits qui trop souvent se produisent entre une législature omnipotente et le chef du gouvernement, qu'il s'appelle roi ou président de la République ; elle empêchera le retour de ces situations funestes sans issue légale qui aboutissent à une révolution ou à un coup d'État.

Mais, dira-t-on, les Chambres hautes ont toujours été impuissantes à prévenir les révolutions. En 1830, en 1848 la Chambre des pairs n'a pu sauver ni la Restauration, ni le gouvernement de Juillet. D'abord il est permis de croire qu'elle a retardé la chute de ces deux pouvoirs. La Restauration battue en brèche par les libéraux et les bonapartistes réunis eût été renversée bien plus promptement sous le régime d'une Assemblée législative unique. Quant à la monarchie constitutionnelle, elle a trouvé incontestablement dans l'institution d'une première Assemblée un solide appui pour s'établir et pour vaincre les difficultés de toute nature qu'elle eut à surmonter dans ses premières années. En revanche, ce qui est hors de doute, c'est que la Chambre des pairs a été un des rouages les plus utiles de ce gouvernement parlementaire qui nous a donné trente-trois ans de liberté et de prospérité. A ce titre, elle a droit à notre reconnaissance et mérite d'être rétablie.

A ce gouvernement si harmonieusement équilibré, que peuvent opposer les partisans d'un pouvoir législatif unique? Est-ce l'exemple des Assemblées de 1791 et de 1792 qui opprimaient le roi et subissaient elles-mêmes la tyrannie de l'opinion publique égarée ou d'une multitude en délire? Est-ce la Convention qui concentrant dans son sein tous les pouvoirs personnifie le despotisme dans ce qu'il a de plus excessif? Non, le seul exemple qu'on puisse invoquer en faveur d'un pouvoir législatif unique est celui de l'Assemblée actuelle dont la prudence et la mesure ont su annihiler les périls politiques que contenait son omnipotence. Mais les nations ne peuvent confier d'une façon permanente leurs destinées à la sagesse toujours hypothétique des hommes : c'est sur la sagesse de leurs institutions qu'elles doivent s'appuyer.

Or, à ce point de vue, l'expérience est faite. Tous les peuples qui ont compris la pratique de la liberté, dans l'ancien comme dans le nouveau monde, ont, à quelques exceptions près, établi un corps destiné à faire contre-poids à l'opinion populaire représentée par la seconde Chambre, et cette organisation est en vigueur aussi bien dans les républiques que dans les monarchies. C'est la Chambre des lords qui a fait l'Angleterre libre sans être révolutionnaire, c'est l'existence d'une première Assemblée (1) qui permet au régime parlementaire de fonctionner régulièrement dans la plus grande partie du monde civilisé. L'antiquité elle-même avec ses gouvernements si démocratiques, où les citoyens votaient les lois directement et sans délégation, avait des Assemblées destinées à contre-balaneer l'influence du peuple. N'y a-t-il pas, toutes différences constitutionnelles mises de côté, une grande analogie entre les Chambres hautes modernes et le Sénat de Sparte, de Rome, de Carthage, l'Aréopage et le Sénat d'Athènes? Nous devons donc admettre la dualité des pouvoirs législatifs comme un principe désormais indiscutable.

Mais sur quelles bases devra-t-on organiser la Chambre haute? En politique il n'est rien d'absolu. Les leçons du passé, les enseignements qui découlent de l'étude des législations étrangères, la saine appréciation du tempérament politique d'un peuple et des conditions d'existence qui lui sont faites, tels sont les éléments divers dont il faut tenir compte pour donner à l'institution d'une première Assemblée la vitalité si nécessaire à son fonctionnement dans une époque aussi agitée que la nôtre.

---

(1) En appelant la Chambre haute première Assemblée ou première Chambre nous ne faisons qu'adopter la dénomination usitée dans la plupart des États européens.

II

ORGANISATION DES CHAMBRES HAUTES EN EUROPE ET DANS LE NOUVEAU-MONDE.

A part la Grèce, le Mexique, le Honduras, la Bolivie et la France qui ont une Assemblée législative unique, tous les peuples ont adopté le régime des Chambres hautes. Ces quelques exemples contraires à la pratique des autres nations sont la démonstration péremptoire de la nécessité qui s'impose à tout État constitutionnel de créer un contre-poids aux influences populaires. En proie à des agitations permanentes, à des révolutions multipliées, les républiques que nous venons de citer sont tour à tour courbées sous la dictature ou désolées par l'anarchie. Quant à la France, elle connaît trop les conséquences funestes d'un régime qu'elle accepte temporairement pour être tentée de prolonger son existence.

Toutes les nations n'ont point admis le même système d'organisation. Les unes, pensant avec raison que les bienfaits de la liberté sont supérieurs aux avantages problématiques d'une égalité absolue, n'ont pas hésité à donner pour fondement à leurs Chambres hautes l'hérédité, la nomination à vie faite par le chef du pouvoir et la création de membres de droit ou quelques-unes de ces garanties combinées avec un système électif. Les autres ont demandé à l'élection le choix des membres de leur première Assemblée. Nous diviserons donc en deux grandes catégories les pays dans lesquels l'organisation de la Chambre haute sera l'objet de notre examen.

§ 1.

Pays où les Chambres hautes ont pour fondement l'hérédité, la nomination à vie faite par le chef du pouvoir et la création de membres de droit ou quelques-unes de ces garanties combinées avec un système électif.

GRANDE-BRETAGNE

De toutes les Chambres hautes qui existent dans le monde civilisé, la plus ancienne est celle de la Grande-Bretagne, la Chambre des lords. Quelle influence puissante n'a-t-elle pas exercée sur les destinées de l'Angleterre ! L'histoire est là pour l'attester. Dès le temps des Anglo-Saxons, cette institution était déjà contenue en germe dans le Witen-Agemot, Assemblée des hommes sages qui formait l'ancien conseil du roi. La Chambre des lords n'a fait que remplacer ce conseil avec des attributions plus étendues et elle a su, par sa prudence et sa sagesse admirables, justifier la vieille dénomination saxonne que nous venons de rappeler. Il n'est point en effet d'Assemblée qui ait su plus heureusement concilier le respect du passé, le culte des traditions avec l'esprit bien entendu de progrès.

Sous les premiers rois normands, les prélats et les grands barons se réunissaient en une sorte de Parlement à Pâques et à Noël pour l'expédition des affaires courantes. Mais c'est seulement du 19 juin 1215 que date en réalité l'institution de la Chambre des lords. Vaincu par une ligue de prélats et de barons luttant pour la confirmation de leurs libertés et de leurs privilèges, Jean sans-Terre leur octroya la grande Charte. L'acte royal, sans contenir tous les principes constitutionnels qui régissent aujourd'hui l'Angleterre, stipulait en faveur de la noblesse de précieuses garanties qu'il serait trop long d'énumérer. Le Conseil commun (c'était le nom de la Chambre haute durant cette période) se composait des archevêques, évêques et grands barons convoqués individuellement par lettre royale. A partir de cette époque, son influence grandit rapidement et ses privilèges furent confirmés et augmentés par les successeurs de Jean sans-Terre. Pendant la guerre des deux Roses et les luttes religieuses qui suivirent l'établissement du protestantisme, sous Henri VIII et les premiers Stuart, la Chambre des lords vit diminuer ses prérogatives. Les révolutions et les guerres civiles ont, en effet, ce résultat inévitable de compromettre les institutions les plus libérales. A dater de 1688, la Chambre des lords recouvra tout son prestige; s'inspirant plus que jamais des idées si judicieuses de la noblesse anglaise tout entière, elle sut marcher d'un pas mesuré dans les voies du progrès et diriger la politique de son pays avec cette autorité, cet esprit de suite qui ont fait la grandeur et la puissance britannique. Heureux les peuples qui fondent leurs libertés sur l'expérience des siècles et le respect des traditions ! L'édifice politique sous lequel s'abritent leurs destinées, peut braver inpunément la tempête.

La Chambre des lords a sinon au point de vue de l'influence, du moins au point de vue de l'étiquette, une sorte de supériorité sur la Chambre des communes. C'est ainsi qu'elle se borne à adresser ses bills par des assistants à la Chambre des communes, tandis que celle-ci doit lui adresser les siens par une députation composée d'un certain nombre de membres. Quand il y a lieu à conférence entre les lords et les députés des communes, ces derniers doivent rester découverts. Indépendamment de ses attributions législatives, qui sont les mêmes que celles de la Chambre des communes, si ce n'est en matière de finances où elle n'a aucune initiative, la Chambre des lords a certaines attributions judiciaires. C'est elle, qui statue sur les accusations portées par les députés des communes, c'est elle qui juge les contestations relatives aux privilèges de la pairie ou à l'élection des pairs d'Écosse ou d'Irlande.

La Chambre des lords se compose de pairs spirituels et de pairs temporels. Les pairs spirituels sont : les archevêques de Cantorbéry et d'York, les évêques d'Angleterre, sauf le dernier nommé, à moins que ce ne soit celui de Londres, Durham ou Winchester. Siégent également à la Chambre haute l'évêque de Sodor et Man, mais sans avoir le droit de vote, et trois des évêques d'Irlande, à tour de rôle, pendant une session du Parlement. Les pairs temporels sont : les princes de la famille royale appelés à la pairie, les lords tenant la pairie à titre héréditaire, les pairs créés par le roi à titre héréditaire, seize lords d'Écosse élus pour chaque session par la pairie écossaise et vingt-huit lords d'Irlande élus à vie par les lords d'Irlande. La Couronne a un droit illimité de créer des pairs. Les lords ne peuvent siéger avant l'âge de vingt et un ans : leur titre ne se perd qu'en vertu d'une dégradation prononcée par le Parlement. Toutefois, depuis 1871, ils ne peuvent siéger, lorsqu'ils sont en état de faillite, jusqu'à ce qu'ils aient reçu quittance de leurs dettes. Il y a incompatibilité entre les fonctions de membre de la Chambre des lords et de membre de la Chambre des communes. Néanmoins les pairs irlandais, qui ne font point partie de la Chambre haute, peuvent être élus députés aux communes. La Chambre des lords est présidée par le lord chancelier.

Telle est cette institution, qui semble tout d'abord si peu en harmonie avec nos opinions démocratiques que bien des esprits seront disposés à la condamner. Et cependant, lorsqu'on analyse les divers éléments qui la composent, on ne peut se défendre de l'admirer. Elle associe dans une union intime les intérêts religieux et civils, elle réunit les grandeurs et les services du passé aux services et aux illustrations du présent. La Chambre des lords est accessible à toutes les classes de la société britannique. Grâce au droit illimité qu'a la Couronne de créer des pairs, la Chambre haute anglaise se rajeunit à chaque règne par l'infusion d'un sang nouveau. De 1700 à 1821, six cent soixante-sept personnes ont été pourvues par le roi du titre de lord. Il est donc vrai de dire avec l'historien Mahon : « Que de fils d'agriculteurs et de « tisserands, ennoblis par des services rendus au pays,

« n'a-t-on pas vus siéger à côté des plus fiers représentants « des Somerset et des Howard ! »

AUTRICHE-HONGRIE

L'Autriche n'est entrée dans la vie constitutionnelle que fort tard, en 1861. Jusqu'à cette époque elle formait une monarchie absolue. C'est la loi fondamentale du 21 décembre 1867 qui a réglementé la composition de la Chambre des seigneurs. (Art. 2, 3, 4 et 5). Sont membres de cette Chambre par droit de naissance, les princes majeurs de la famille impériale. Sont membres héréditaires, les chefs majeurs des familles indigènes importantes par l'étendue de leurs propriétés, auxquels l'empereur confie le titre de membre héréditaires de la Chambre des seigneurs. Tous les archevêques et évêques ayant titre de prince de l'Empire en font également partie en vertu de leur haute dignité ecclésiastique. L'empereur se réserve le droit de nommer à vie membres de la Chambre haute les hommes éminents qui se sont signalés par des services rendus à l'État, à l'Église, à la science et à l'art. La Chambre des seigneurs partage les attributions législatives de la Chambre des députés et a, comme elle, l'initiative de toutes les lois. Son président et son vice-président sont nommés par l'empereur pour la durée de la session.

En Hongrie, l'organisation de la Chambre haute remonte à une époque fort reculée. Depuis 1223 elle ne s'est presque point modifiée. Plus féodale que celle de l'Autriche, la première assemblée de la Hongrie s'appelle la Chambre des magnats et se compose de grands dignitaires (*barones regni*) nommés par le roi et qui sont : le grand juge, le grand trésorier, le ban de Croatie, le grand veneur, les seigneurs pourvus de charges honorifiques à la cour et le capitaine de Presbourg. Font également partie de la Chambre des magnats les deux gardiens de la Couronne nommés par le roi sur une liste de trois membres présentée par chacune des deux Chambres; les archevêques, évêques et certains chefs de communautés catholiques; les prélats de l'Église grecque, les suprêmes comtes placés par le souverain à la tête de l'administration des *comitats* ou *comtés*, et le gouverneur de Fiume; les princes, comtes et barons nommés légalement par le roi et agréés par la Chambre des magnats, ainsi que tous leurs descendants directs; deux membres nommés par la Diète de Croatie.

Nul autre que les personnes qui viennent d'être désignées limitativement ne peut siéger à la Chambre des magnats. Comme condition d'âge, la loi exige vingt-quatre ans. Le président et le vice-président de cette Assemblée sont nommés par le roi et touchent un traitement. La Chambre des magnats apprécie souverainement la légalité des nominations faites par le chef du gouvernement. C'est ainsi que plusieurs seigneurs élevés à la dignité de magnats, de 1849 à 1867, sont exclus de la Chambre. L'initiative des lois appartient à la Chambre des magnats au même titre qu'à celle des représentants.

Aux termes de la loi fondamentale du 21 décembre 1867, les affaires communes à l'Autriche et à la Hongrie sont traitées par deux délégations élues par les parlements de ces deux pays et prises dans leur sein. Vingt membres élus par la Chambre des seigneurs, vingt membres élus par la Chambre des magnats forment la portion de ces délégations qui est choisie dans les Chambres hautes. L'autre partie se compose de députés nommés de manière à représenter les diverses régions de la monarchie autrichienne.

PRUSSE

Avant 1848, la monarchie prussienne était absolue. Sous la pression des événements de cette époque le roi dut octroyer une Constitution à ses sujets. Cette constitution revisée le 31 janvier 1850, est aujourd'hui la base du droit public prussien. D'après ses dispositions combinées avec la loi du 7 mai 1853, la Chambre des seigneurs est formée par une ordonnance royale qui ne peut être modifiée que par une loi, du consentement des deux Chambres. L'ordonnance du 12 octobre 1854 détermine la composition de la Chambre haute. Sont membres de cette Assemblée : les princes de la maison royale que le roi appelle à siéger, lorsqu'ils ont atteint leur majorité ; les membres héréditaires de la Chambre des seigneurs ; les membres nommés à vie par le roi. Appartiennent à la première Chambre par droit de naissance ; les chefs des familles princières de Hohenzollern-Hechingen et de Hohenzollern-Sigmaringen ; les chefs des anciennes maisons souveraines relevant de l'Empire ; les princes, comtes et seigneurs appelés par l'ordonnace du 3 février 1847 à siéger comme membres de la classe seigneuriale à la Diète réunie ; les citoyens à qui un droit héréditaire, créé par une décision spéciale, est transmis.

Les membres nommés à vie par le roi sont choisis parmi les candidats présentés par divers corps de l'État ou classes de citoyens, savoir : 1° les membres de la classe des seigneurs appelés par l'ordonnance du 3 février 1847 à siéger à la Chambre des seigneurs ; 2° la classe des comtes ayant fief dans une province (la classe de chaque province peut présenter un candidat) ; 3° la réunion des familles de grande propriété foncière investies par le roi du droit de présentation ; 4° les familles de propriété foncière anciennement fortifiée ; 5° les Universités ; 6° les villes à qui le droit de présentation est octroyé.

Il faut, pour siéger à la première Chambre, être sujet prussien, domicilié en Prusse, et sauf pour les princes de la famille royale, avoir trente ans accomplis. Les membres présentés en une certaine qualité cessent de siéger, lorsqu'ils perdent cette qualité. (Ainsi le membre de la Chambre des seigneurs, présenté comme membre d'une Université, perd son siége, s'il cesse d'appartenir à l'Université.) L'initiative des lois appartient aux deux Chambres, mais en matière de finances, la Chambre des seigneurs ne peut modifier les projets qui lui sont soumis : elle les accepte ou les rejette en entier.

Si la composition de la première Assemblée prussienne semble bien aristocratique dans une partie de ses éléments, il faut reconnaître que le droit de présentation tel qu'il est attribué à divers corps et à certaines villes, les conditions d'âge et de domicile édictées par l'ordonnance royale peuvent singulièrement en modifier l'esprit. N'y a-t-il pas là, en effet, pour la Chambre haute le moyen de se retremper en tout temps dans les sources vives de la nation, d'attirer à elle tous les mérites, tous les talents, toutes les illustrations? C'est ainsi que, sans se préoccuper d'une uniformité d'origine impossible à établir, la Constitution prussienne a su réunir dans la même Assemblée ces deux éléments de prospérité si difficiles à concilier dans notre pays, la tradition et le progrès.

BAVIÈRE

C'est la Constitution du 19 mai 1818 qui a organisé la Chambre des seigneurs. Tous les intérêts religieux, matériels et moraux, toutes les forces vives de la nation y sont représentés. La Chambre des seigneurs se compose de membres de droit qui sont : les princes majeurs de la famille royale, les officiers de la Couronne, les deux archevêques, les chefs des familles de prince et comtes autrefois membres de l'Empire germanique, à la condition qu'ils resteront en possession de leurs propriétés seigneuriales, autrefois impériales, situées dans le royaume, un évêque catholique nommé par le roi et le président du consistoire général protestant. Viennent ensuite les personnes que le roi nomme expressément membres héréditaires. Ce sont les propriétaires fonciers nobles qui possèdent le droit de citoyen et des biens-fonds sur lesquels sont fondés des fiefs ou des fidéicommis qui payent 300 florins d'impôt foncier, et sur lesquels est établie une succession par ordre de primogéniture. Dans ce cas, la dignité de membre héréditaire de la Chambre des seigneurs n'est transmise avec les biens-fonds sur lesquels est fondé le fidéicommis qu'au possesseur survenant par droit de succession. Enfin, en dernière ligne, se placent les membres à vie que le roi nomme en considération de services éminents rendus à l'État, de leur naissance ou de leur fortune. Leur nombre ne peut dépasser le tiers des membres héréditaires. Tous ceux qui font partie de la Chambre des seigneurs peuvent y siéger dès leur majorité, mais le droit de vote n'est acquis qu'à vingt et un ans aux princes de la maison royale, qu'à vingt-cinq ans aux autres membres. Les deux Chambres ont les mêmes attributions législatives : toutefois les lois financières doivent être transmises aux députés avant d'être déférées à la Chambre haute.

SAXE

Le droit politique de ce royaume a pour base la Constitution du 4 septembre 1831 et une loi de 1868 qui a modifié, sous certains rapports, cette Constitution. La prmière Chambre se compose de membres de droit, de membres élus par leurs pairs et de membres nommés à vie par le roi. Cette organisation, à part un détail d'application que nous n'approuvons pas, présente ainsi toutes les garanties requises pour le fonctionnement régulier du régime parlementaire. Les membres de droit qui sont les princes du sang, les bourgmestres des huit villes principales, les deux prélats protestants représentent l'illustration de la naissance, les intérêts municipaux et les services administratifs rendus au pays, et enfin les intérêts religieux et moraux. Les membres élus par leurs pairs sont en quelque sorte la personnification des droits acquis, de la propriété et des divers cultes. Ils sont au nombre de vingt, cinq chefs de maisons seigneuriales dites d'État (anciennes familles médiatisées), deux députés des chapitres protestants, un député d'un chapitre catholique et douze propriétaires de biens équestres élus à vie par leur ordre et possédant un revenu foncier de 2,000 thalers. Viennent ensuite les membres à vie nommés par le roi. Sur dix, cinq doivent être choisis parmi les propriétaires de biens équestres payant au trésor 30 thalers au moins d'impôt foncier. Cette restriction apportée au choix royal a l'inconvénient, selon nous, de donner à l'ordre équestre, déjà si largement représenté dans la Chambre haute, une prépondérance exorbitante. L'initiative des lois n'appartient qu'au gouvernement qui peut saisir indistinctement l'une et l'autre Chambre; mais toute loi adoptée par l'une d'elles ne peut être repoussée par l'autre qu'à la majorité des deux tiers des membres présents.

WURTEMBERG

La Chambre des seigneurs est composée des princes du sang royal, des chefs de familles de princes et de comtes et des représentants de nobles, aux possessions desquels était attachée une voix dans la Diète de l'Empire ou du cercle et enfin des membres nommés par le roi soit à vie, soit à titre héréditaire. Par une disposition bien préférable à celle qu'édicte la législation saxonne, les choix du roi à titre viager peuvent être faits parmi les citoyens les plus recommandables, sans égard à la fortune et à la naissance. Quant aux membres héréditaires, le roi ne peut les nommer que parmi les nobles de la classe des barons ou des chevaliers qui justifient d'une propriété dans le royaume se transmettant, suivant le droit d'aînesse, avec substitution fidéicommissaire d'un revenu annuel de 6,000 florins net de redevances et de dettes hypothécaires. Le nombre des membres nommés par le souverain ne peut excéder le tiers des autres membres de la Chambre. Les princes de la famille royale siégent à vingt et un ans, les autres membres héréditaires à vingt-cinq ans. Les deux Chambres n'ont pas droit d'initiative, et les projets de loi peuvent être soumis indifféremment à l'une ou à l'autre, sauf en matière d'impôt où la Chambre des députés doit être saisie la première.

ITALIE

Aux termes de la Constitution sarde du 4 mars 1848 qui a été successivement appliquée aux provinces annexées et est devenue la base du droit public de l'Italie, le Sénat se compose des princes de la famille royale qui en font partie de droit à vingt ans, avec voix délibérative, à vingt-cinq ans, et de membres nommés à vie par le roi. Le nombre de ces membres à vie est illimité, mais ils doivent être âgés de quarante ans accomplis et choisis dans les catégories suivantes : 1° les archevêques et évêques de l'État; 2° le président de la Chambre des députés; 3° les députés ayant siégé pendant trois législatures ou qui ont six ans d'exercice; 4° les ministres d'État; 5° les ministres secrétaires d'État, 6° les ambassadeurs: 7° les envoyés extraordinaires en fonctions depuis trois années; 8° les premiers présidents de la Cour de cassation et de la Chambre des comptes; 9° les premiers présidents des Cours d'appel; 10° l'avocat général près la Cour de cassation et le procureur général ayant cinq années d'exercice; 11° les présidents de Chambres de Cours d'appel, en fonctions depuis trois ans; 12° les conseillers de la Cour de cassation et de la Chambre des comptes en fonctions depuis cinq ans; 13° les avocats-généraux et l'officier fiscal près les Cours dappel, en fonction depuis cinq ans; 14° les officiers généraux de terre et de mer (toutefois les majors généraux et contre-amiraux devront avoir cinq années de grade en activité); 15° les conseillers d'État en fonctions depuis cinq ans; 16° les membres des conseils de division après trois élections à la présidence; 17° les intendants généraux en exercice depuis sept ans; 18° les membres de l'Académie royale des sciences nommés depuis sept ans; 19° les membres ordinaires du conseil supérieur de l'instruction publique après sept ans d'exercice; 20° tous ceux qui, par services ou mérites éminents, auront bien mérité de la patrie; 21° les personnes qui, depuis trois années, payent 3,000 livres d'impositions directes, à raison de leur bien ou de leur industrie.

Le Sénat a, comme la seconde Chambre, le droit d'initiative, mais les lois financières doivent être d'abord présentées à la Chambre des députés.

Plus démocratique que les Chambres hautes des autres pays que nous venons de parcourir, puisqu'il n'est pas héréditaire, le Sénat italien donne place dans son sein à tous les services, à tous les mérites, à toutes les illustrations. Toutes les forces sociales, les capacités religieuses, politiques, judiciaires, administratives et militaires, la propriété, l'industrie, la science, y sont représentées par des personnalités pleines d'expérience et d'autorité. Les restrictions apportées au choix royal par l'établissement de catégories bien déterminées sont une garantie contre l'arbitraire et le favoritisme. Aussi, depuis son organisation, la première Assemblée de l'Italie a-t-elle fait preuve d'une haute intelligence politique et su parfois résister aux entraînements qu'avait subis la Chambre des députés, notamment dans les débats sur l'abolition de la peine de mort.

PORTUGAL

La Charte constitutionnelle du 29 avril 1826 et l'acte additionnel du 5 juillet 1852 ont déterminé la composition de la Chambre haute qui est appelée Chambre des pairs. Cette Chambre comprend des membres à vie, des membres héréditaires nommés par le roi, sans limitation de nombre et sans obligation de les choisir dans certaines catégories de citoyens, et des membres de droit qui sont les évêques, le prince royal et les infants. Ces derniers peuvent prendre possession de leur siége à vingt-cinq ans.

L'initiative des lois appartient aux deux Chambres, mais, pour les matières d'impôt, l'examen des actes de l'administration et la discussion des propositions du pouvoir, la Chambre des députés doit être saisie la première. La Chambre des pairs a de plus des attributions judiciaires et politiques spéciales. Elle connaît de tous les délits commis par les membres de la famille royale, les ministres d'État, les pairs et des délits commis par les députés dans le cours de la session ; elle statue sur la responsabilité des secrétaires d'État et conseillers d'État, enfin elle convoque les Cortès, à la mort du roi, pour l'organisation de la régence, lorsque la régence provisoire ne le fait pas. La liberté absolue laissée au choix royal n'est pas sans danger, surtout à raison de la haute mission judiciaire dont la Chambre des pairs est investie.

BRÉSIL

D'après la Constitution du 25 mars 1824, le Sénat se compose de membres à vie nommés par l'empereur, et il est organisé au moyen d'élections provinciales. Chaque province fournit un nombre de sénateurs égal à la moitié du nombre de ses députés; quand le nombre des députés de la province est impair, celui des sénateurs est la moitié du nombre immédiatement inférieur, de telle sorte que la province qui a onze députés nomme cinq sénateurs. Néanmoins celle qui n'a qu'un député élit toujours un sénateur. Les élections se font de la même manière que celles des députés, mais sur listes triples; l'empereur choisit sur l'ensemble de ces listes un tiers des noms qui y sont portés.

Pour être apte aux fonctions sénatoriales il faut : être citoyen brésilien et jouir des droits politiques, avoir quarante ans accomplis, être un homme de savoir, de mérite, de vertu, la préférence étant donnée à ceux qui ont rendu des services à la patrie, avoir un revenu annuel de 800,000 reis (4,896 fr.)

en biens-fonds, industrie, commerce ou traitement. Les princes de la famille impériale font de droit partie du Sénat, où ils peuvent siéger à partir de vingt-cinq ans révolus. Cette Assemblée a les mêmes pouvoirs législatifs que la Chambre des députés, sauf pour les matières financières, le recrutement ou un changement de dynastie. Dans ces cas, l'initiative est dévolue exclusivement à la seconde Chambre. Le Sénat a en outre de hautes attributions judiciaires et politiques. Il connaît des délits individuels commis par les membres de la famille impériale, les ministres d'État, les conseillers d'État et les sénateurs et des délits commis par les députés durant le cours de la session : il statue sur la responsabilité des secrétaires d'État et des conseillers d'État, il expédie les lettres de convocation de l'Assemblée, lorsque l'empereur ne l'a pas fait dans les deux mois, depuis l'époque fixée par la Constitution, enfin il convoque l'Assemblée, à la mort de l'empereur, pour l'élection du Conseil de régence, dans le cas où il y a lieu, et lorsque la régence provisoire ne l'a pas fait. Ces dispositions sont la reproduction presque textuelle de la Constitution portugaise.

Le Sénat du Brésil se distingue des Chambres hautes des autres pays par des caractères si bien tranchés que nous ne savions comment le classer. Fruit de l'élection, il représente la nation mais le suffrage seul est impuissant à conférer le mandat sénatorial. Ses choix doivent être confirmés par le pouvoir impérial. C'est là une heureuse combinaison politique qui, donnant aux sénateurs une double origine, les rend merveilleusement aptes à remplir leur mission de contrôle, leur rôle modérateur auprès de la seconde Chambre et du souverain.

Pour achever l'analyse de cette institution, nous devons esquisser l'organisation du droit de suffrage. Le vote est à deux degrés. Sont électeurs de paroisses (électeurs primaires) tous les citoyens âgés de vingt-cinq ans et possesseurs d'un revenu de 100,000 reis (612 fr.) quelle qu'en soit l'origine et lors même qu'il proviendrait d'un travail manuel, à l'exclusion des serviteurs à gages et des religieux cloîtrés. Les électeurs secondaires sont désignés par les électeurs primaires proportionnellement à la population; ils doivent réunir les conditions requises des électeurs primaires et posséder en outre un revenu de 200,000 reis

FRANCE

La Constitution de 1791 n'organisa point de Chambre haute. Vainement les esprits les plus sages de l'Assemblée constituante, Mounier, Lally, Necker, réclamèrent-ils une institution sous laquelle l'Angleterre vivait libre et prospère. Leur demande ne fut point accueillie, et le trône tomba sous les coups d'assemblées omnipotentes opprimées elles-mêmes par la multitude. Le rejet de cette proposition fut un immense malheur. Qui peut dire en effet combien l'influence d'une Chambre haute eût pu être féconde à cette époque où, tout en ayant fait une révolution, notre pays n'avait pas ce tempérament révolutionnaire qu'ont développé quatre-vingts ans de troubles politiques ou sociaux? Quoi qu'il en soit, la Convention, instruite par une cruelle expérience, édicta dans la Constitution du 5 fructidor an III qu'il y aurait une Chambre haute appelée Conseil des Anciens, dont les membres, au nombre de deux cent cinquante, seraient le produit de l'élection.

Pour être éligible, il fallait être âgé de quarante ans accomplis, être marié ou veuf et avoir son domicile depuis quinze ans sur le territoire de la République. Le vote était à deux degrés comme pour le Conseil des Cinq-Cents et c'étaient les mêmes électeurs qui nommaient les Anciens : étaient électeurs primaires tous les citoyens nés et résidant en France, âgés de vingt et un ans, inscrits sur le registre civique de leur canton, domiciliés depuis cette inscription pendant une année sur le territoire de la République et payant une contribution directe foncière ou personnelle. Pour être électeur secondaire, il fallait avoir vingt-cinq ans accomplis et en outre réunir les conditions suivantes : 1° dans les communes de plus de 6,000 habitants, être propriétaire ou usufruitier d'un bien évalué à un revenu égal à la valeur locale de deux cents journées de travail, être locataire d'une habitation évaluée à un revenu égal à la valeur de cent cinquante journées de travail, ou d'un bien rural évalué à deux cents journées de travail; 2° dans les communes au-dessous de 6,000 habitants, être propriétaire ou usufruitier d'un bien évalué à un revenu égal à la valeur locale de cent cinquante journées de travail, ou être locataire, soit d'une habitation évaluée à un revenu égal à la valeur de cent journées de travail, soit d'un bien rural évalué à cent journées de travail; 3° dans les campagnes, être propriétaire ou usufruitier d'un bien estimé à un revenu égal à la valeur locale de cent cinquante journées de travail, ou être, soit fermier, soit métayer de biens évalués à la valeur de deux cents journées de travail. Quel chemin avait donc parcouru la Convention depuis la Constitution de 1793 pour en revenir au cens établi par l'Assemblée constituante !

La Constitution du 22 frimaire an VIII établit un Sénat composé de quatre-vingts membres inamovibles et nommés à vie. Cette Assemblée se recrutait elle-même. Trois candidats lui étaient proposés, le premier par le Corps législatif, lesecond par le Tribunat, le troisième par le premier consul. Ceux-là, seulement qui figuraient sur la liste de notabilité nationale pouvaient être présentés. On sait quel était le système électoral alors en vigueur. Les citoyens, âgés de vingt et un ans, dans chaque arrondissement communal, désignaient par leurs suffrages le dixième d'entre eux qui formait la liste de notabilité communale; ce dixième constituait la liste de notabilité départementale en élisant lui-même un autre dixième, et enfin les électeurs départementaux choisissaient un troisième dixième qui formait la liste de notabilité nationale. Le suffrage universel était réduit ainsi à n'être qu'un droit de présentation. Le sénatus-consulte du 28 floréal an XII, en établissant l'Empire, modifia cette organisation. Le Sénat se composa alors, indépendamment des quatre-vingts membres nommés en vertu de la Constitution, des princes français âgés de dix-huit ans accomplis, des grands dignitaires de l'empire et des citoyens que l'Empereur jugeait convenable d'élever à la dignité de sénateur. Ainsi cette Assemblée se formait, pour la majeure partie, par le choix exclusif du souverain. N'y avait-il pas là pour l'Empereur, en apparence au moins, toutes les garanties possibles d'attachement dynastique et de dévouement au pouvoir impérial? Et cependant l'histoire est là pour dire quelle fut l'attitude du Sénat en 1814!

Instruit par le malheur, comprenant que l'on ne peut s'appuyer que sur ce qui résiste, et qu'une Assemblée dont les racines ne s'enfoncent point dans le passé est impuissante à soutenir une dynastie nouvelle, Napoléon Ier, pendant les Cent Jours, organisa une Chambre haute d'une composition toute différente sous le nom de Chambre des pairs. D'après l'acte additionnel des 22-23 avril 1815, la dignité de pair était héréditaire de mâle en mâle et d'aîné en aîné. L'empereur nommait les membres de la Chambre des pairs qui étaient irrévocables et dont le nombre n'était pas limité. Ils prenaient séance à vingt et un ans et n'avaient voix délibérative qu'à vingt-cinq ans. On sait que cette Assemblée ne vécut que quelques jours, comme le pouvoir qui l'avait créée.

Après la chute de l'Empire, la Charte de 1814 établit une Chambre des pairs fondée tout à la fois sur l'hérédité et sur le choix du souverain. Le roi pouvait en effet nommer à vie ou rendre héréditaires, selon sa volonté, les membres de cette Assemblée. Les pairs avaient entrée à la Chambre à vingt-cinq ans, et voix délibérative à trente ans seulement. Les princes de la maison royale étaient de droit membres de la Chambre haute. L'initiative des lois appartenait au roi, qui, sauf en matière d'impôt où les projets de loi étaient portés d'abord à la Chambre des députés, saisissait indifféremment l'une ou l'autre des deux Chambres. Cette organisation mixte qui combinait l'hérédité avec l'inamovibité présentait de sérieuses garanties d'indépendance et de stabilité, et, comme les choix du roi n'étaient limités ni par des distinctions de classes ni quant au nombre, elle ne pouvait pas froisser l'esprit démocratique qui s'était répandu dans le pays depuis 1789. Tous les mérites, toutes les illustrations en effet pouvaient obtenir la pairie. Néanmoins elle ne survécut pas à la Restauration.

La révolution de 1830 maintint, il est vrai le nom de la Chambre des pairs, mais cette institution fut modifiée dans son essence. L'hérédité en fut bannie et la nomination faite à vie par le roi dut s'effectuer obligatoirement dans certaines catégories de citoyens déterminées d'avance. Ces restrictions apportées au choix royal avaient vraisemblablement pour but de mettre un frein aux nominations de faveur que l'on pouvait redouter, et de donner à la Chambre haute la plus grande somme possible de talent et d'autorité. Quoi qu'il en soit, la loi du 29 décembre 1831. (l'art. 26 de la Charte déclarait pairs de droit les princes du sang,) disposa que le roi ne pourrait choisir les pairs que parmi les notabilités suivantes : le président de la Chambre des députés et autres Assemblées législatives ; les députés qui auront fait partie de trois législatures ou qui auront six ans d'exercice ; les maréchaux et amiraux de France ; les lieutenants généraux et vice-amiraux des armées de terre et de mer après deux ans de grade ; les ministres à département ; les ambassadeurs après trois ans et les ministres plénipotentiaires après six ans de fonctions ; les conseillers d'État après dix ans de service ordinaire ; les préfets de département et les préfets maritimes après dix ans de fonctions ; les gouverneurs coloniaux après cinq ans de fonctions ; les membres des Conseils généraux électifs après trois élections à la présidence ; les maires des villes de 30,000 âmes et au-dessus après deux élections au moins comme membres du corps municipal et après cinq ans de fonctions de mairie ; les présidents de la Cour de cassation et de la Cour des comptes; les procureurs généraux près ces deux Cours après cinq ans de fonctions en cette qualité; les conseillers de la Cour de cassation et les conseillers maîtres de la Cour des comptes après cinq ans, les avocats généraux près la Cour de cassation après dix ans d'exercice; les premiers présidents des Cours royales après cinq ans de magistrature dans ces Cours; les procureurs généraux près les mêmes Cours après dix ans de fonctions; les présidents des tribunaux de commerce, dans les villes de 30,000 âmes et au-dessus, après quatre nominations à ces fonctions; les membres titulaires des quatre Académies de l'Institut; les citoyens à qui, par une loi et à raison d'éminents services, aura été nominativement décernée une récompense nationale; les propriétaires, les chefs de manufacture et de maison de commerce et de banque payant 3,000 francs de contributions directes, soit à raison de leurs propriétés foncières depuis trois ans, soit à raison de leurs patentes depuis cinq ans, lorsqu'ils auront été pendant six ans membres d'un Conseil général ou d'une Chambre de commerce; les propriétaires, les manufacturiers, commerçants ou banquiers qui auront été nommés députés ou juges des tribunaux de commerce.

Des dispositions transitoires dispensaient les citoyens, nommés à certaines fonctions depuis le 30 juillet 1830 du temps de service requis. Enfin la loi déclarait que le titulaire qui aurait successivement exercé plusieurs des fonctions ci-dessus énumérées pourrait cumuler ses services dans toutes pour compléter le temps exigé dans celle où le service devrait être le plus long.

Les deux Chambres étaient investies du droit d'initiative, mais les lois financières étaient d'abord discutées par la Chambre des députés.

Cette Assemblée fit preuve, pendant toute la durée du gouvernement de Juillet, d'une haute autorité dans les matières législatives, et contrôla avec la mesure et la prudence nécessaires les actes de la Chambre des députés. Mais on ne peut se dissimuler que les attributions judiciaires dont la

Chambre des pairs fut pourvue par des lois postérieures à sa création nuisirent à son prestige et l'exposèrent plus d'une fois aux attaques violentes des partis.

La révolution de 1848 renversa l'édifice constitutionnel à l'abri duquel la nation vivait calme et libre depuis dix-huit ans. La République, oublieuse de l'exemple salutaire donné par la Convention en l'an III, suivit encore une fois les vieux errements de 1791 et 1793. Une Assemblée unique, élue par le suffrage universel, se trouva en face d'un président de la République nommé par ce même suffrage universel. Cette situation si fatalement vouée aux conflits se dénoua par le coup d'État du 2 décembre 1851 et par la dissolution de l'Assemblée nationale.

Le nouveau pouvoir institua une Chambre haute sous le nom de Sénat. Aux termes de la Constitution du 14 janvier 1852, le nombre des sénateurs, fixé à quatre-vingts pour la première année, ne devait pas excéder cent cinquante. Le Sénat se composait de membres de droit, les cardinaux, les maréchaux et les amiraux, et de membres inamovibles et à vie nommés par l'empereur. Le sénatus-consulte du 25 décembre 1852 adjoignit aux membres de droit les princes de la famille impériale âgés de dix-huit ans accomplis, et éleva à cent cinquante le nombre des nominations pouvant être faites directement par l'empereur, non compris les membres de droit. A l'origine, le Sénat était investi du droit unique de s'opposer à la promulgation des lois inconstitutionnelles, de celles qui portaient atteinte à la religion, à la morale, à la liberté des cultes, à la liberté individuelle, à l'égalité des citoyens devant la loi, à l'inviolabilité de la propriété et au principe de l'inamovibilité de la magistrature, ou de celles qui pourraient compromettre la défense du territoire. Des sénatus-consultes successifs élargirent ses attributions et, après le plébiscite, en 1870, ce corps politique était en possession des prérogatives qui appartiennent à toutes les Chambres hautes dans les États constitutionnels. Un décret du gouvernement de la Défense nationale prononça la suppression du Sénat, et la France revint au régime d'une Assemblée unique.

§ 2.

Pays où les Chambres hautes sont fondées sur l'élection.

SUÈDE

Dès les temps les plus éloignés, l'autorité royale en Suède fut soumise au contrôle de la Diète divisée en quatre ordres, noblesse, clergé, bourgeoisie et paysans. C'est à une date récente, le 22 juin 1866, qu'a été adoptée la loi sur la représentation qui, sous le non antique de Diète, institue une Chambre des députés et une Chambre haute, comme il en existe dans les gouvernements constitutionnels. Les membres de la première Chambre sont élus pour neuf ans par les assemblées provinciales (Landsthingen) et par les conseillers municipaux pour les villes qui ne prennent point part aux assemblées provinciales. Chaque assemblée provinciale et ville de la catégorie mentionnée ci-dessus élit, d'après la population de son territoire, un membre de la Diète par 30,000 habitants. Si la population n'atteint pas ce chiffre, il y a lieu pourtant à l'élection d'un membre. Chaque fois qu'il se produit une vacance, ou lorsque la dissolution est prononcée par le roi, il est procédé à de nouvelles élections. La durée du mandat des membres de la première Chambre est de neuf années et ceux qui, au commencement d'une session, n'ont pas rempli leurs fonctions pendant neuf ans peuvent les continuer jusqu'à la fin de la session, lors même que les neuf années comptées à partir de l'élection seraient expirées. Pour être élu à la première Chambre, il faut être âgé de trente-cinq ans accomplis, posséder, depuis trois ans au moins avant l'élection, des immeubles évalués, pour l'assiette de l'impôt, à 80,000 riksdalers (114,000 fr.) au minimum, ou avoir payé, pendant trois ans également, l'impôt à l'État, pour son capital ou son travail, sur un revenu annuel minimum de 4,000 riksdalers (5,720 fr.). Si, après l'élection un membre de la première Chambre ne se trouve plus réunir les conditions d'éligibilité requises, il doit résigner ses fonctions. Comme la Chambre des députés, la Chambre haute a le droit d'initiative ; toutes les deux discutent les projets de lois sans distinction, au fur et à mesure qu'elles sont saisies.

L'idée de confier aux assemblées provinciales le soin d'élire les membres de la première Chambre constitue la création d'une espèce de vote à deux degrés. En dépit des avantages que peut offrir ce mode de procéder, la base de la représentation nous paraît trop étroite. Nous verrons plus tard que l'on a proposé de l'importer en France. Certains esprits veulent faire élire les membres de notre Chambre haute par les Conseils généraux et par les Conseils municipaux. Il est à remarquer que la Suède n'accorde le droit d'élection aux Conseils municipaux que là où il n'y a point d'assemblées provinciales.

Selon nous, un cens d'éligibilité aussi élevé que celui qu'exige la législation suédoise aura parfois pour résultat, ce qui sera très-facheux, de fermer l'entrée de la première Chambre aux mérites, aux talents, aux illustrations que la richesse n'a point favorisés.

DANEMARK

Le régime constitutionnel en Danemark date de l'année 1831. Successivement régi par les Constitutions du 5 juin 1849 et du 2 octobre 1855, cet héroïque royaume, si maltraité par le sort, a pour base actuelle de son droit public la loi fondamentale du 28 juillet 1866. Aux termes de cette loi, la Chambre haute, appelée Landsthing, se compose de soixante-six membres dont douze sont nommés par le roi, sept par Copenhague, quarante-cinq par de grands districts électoraux comprenant à la fois les campagnes et les villes, un par l'île de Bornholm et un par le Landsthing (représentation élective) des îles Fœroë. Les députés royaux sont nommés à vie et ne peuvent être pris que parmi les hommes qui ont fait partie des assemblées représentatives du royaume. Chacun d'eux peut donner sa démission, et s'il cesse d'être éligible, doit résigner ses fonctions. Les autres membres du Landsthing sont élus pour huit années et se renouvellent par moitié tous les quatre ans. Ces élections se font d'après les règles du système proportionnel (représentation des minorités).

Les conditions d'éligibilité sont les mêmes que pour le Folksthing (seconde Chambre), à l'exception de ce qui concerne le domicile; il faut en effet avoir été domicilié, pendant l'année qui précède les élections, dans le cercle électoral où l'on se présente pour pouvoir être élu au Landsthing. Est éligible au Folksthing, tout individu qui ne se trouve pas dans les cas prévus par l'article 30 de la loi fondamentale *a*, *b* et *c* que nous ferons connaître plus loin, qui jouit d'une réputation intacte, possède le droit d'indigénal et est âgé de vingt-cinq ans accomplis.

Les conditions à remplir pour l'électorat sont assez compliquées. Elles sont les mêmes que celles qui sont exigées des électeurs du Folksthing. Toutefois, en ce qui touche le domicile, il suffit, pour nommer les membres du Landsthing, d'avoir été domicilié pendant l'année qui précède les élections, soit dans une des villes, soit dans le district rural du cercle électoral dont on fait partie. Est électeur pour le Folksthing, et partant pour le Landsthing, tout individu jouissant d'une réputation intacte, qui possède le droit d'indigénat et est âgé de trente ans révolus, à moins que:

a. Sans avoir un ménage à lui, il ne soit au service de quelque particulier;

b. Il ne reçoive ou n'ait reçu de l'assistance publique des secours dont on ne lui ait point fait remise ou qu'il n'ait point remboursés;

c. Il ne puisse disposer de ses biens;

d. Il n'ait pas été domicilié depuis un an dans le district électoral ou la ville où il demeure, lors de l'élection. (Nous avons vu que cette dernière condition a été modifiée pour le Landsthing.)

Ainsi, chose qui peut paraître étrange, l'âge de l'éligibilité est moins élevé que celui de l'électorat. Cette disposition est contraire à la législation de tous les autres peuples.

Le vote est à deux degrés. Les électeurs, qui ont justifié des conditions que nous venons d'énumérer, choisissent une partie des électeurs secondaires qui élisent les membres du Landsthing. Le nombre de ces électeurs secondaires n'est pas uniforme dans tout le royaume. A Copenhague, tous les électeurs réunis nomment des électeurs du second degré, à raison de 1 par 120, chaque excédant de 60 comptant pour 120. Un nombre égal d'électeurs secondaires sont nommés par les électeurs primaires qui, l'année précédente, ont eu un revenu imposable de 2,000 rixdalers (5,000 fr.), et ces deux catégories d'électeurs du second degré procèdent ensuite en commun à l'élection des membres du Landsthing pour Copenhague. Dans les campagnes, la totalité des électeurs nomme un électeur secondaire dans chaque commune rurale. Quant aux villes, elles choisissent ensemble un nombre d'électeurs du second degré égal à la moitié de celui des communes rurales, en augmentant d'une unité, si le chiffre est impair. Dans chaque ville, ces électeurs sont élus, moitié par tous les électeurs du premier degré, moitié par ceux d'entre eux qui, l'année précédente, ont eu un revenu imposable d'au moins 1,000 rixdalers, ou ont payé à l'État ou à la commune un minimum d'impôts de 75 rixdalers. La répartition du nombre total des électeurs du second degré entre les différentes villes, proportionnellement au chiffre de leurs électeurs du premier degré, est réglée chaque fois par le gouvernement, lors des élections générales pour le Landsthing de manière toutefois que chacune d'elle, en ait au moins un de chaque classe. A ces deux catégories d'électeurs du second degré viennent se joindre, dans chaque cercle et en nombre égal à celui des communes rurales du cercle, les électeurs des campagnes qui, l'année précédente, ont payé à l'État et à la commune du bailliage les impôts les plus élevés, et ils procèdent ensuite en commun à l'élection des membres du Landsthing de leur cercle. Le Landsthing et le Folkething ont également l'initiative des lois, mais les projets financiers doivent être soumis d'abord au Folksthing.

Telle est, en Danemark, l'organisation assez complexe de la Chambre haute. Les intérêts de toute espèce, ruraux et urbains, sont représentés dans les colléges primaires qui choisissent les électeurs du second degré proportionnellement à la population et eu égard à la fortune évaluée d'après un cens déterminé. L'espèce de cens moral imposé aux électeurs et l'exclusion des domestiques sont d'une application difficile et rigoureuse.

PAYS-BAS

C'est la Constitution de 1815 modifiée en 1840 et 1848 qui est la base du droit public dans les Pays-Bas. Aux termes de son article 78, la première Chambre se compose de trente-neuf membres. Ils sont élus par les États provinciaux qui, ainsi qu'on le sait, équivalent à nos Conseils généraux, et sont choisis parmi les plus imposés. Le nombre de ces plus imposés est fixé, pour chaque province, de manière que, sur trois mille âmes de population. il y ait un citoyen éligible. Les autres conditions d'éligibilité sont d'être citoyen néerlandais, de jouir de ses droits civils et politiques et d'avoir trente ans accomplis. Les membres de la première Chambre sont nommés pour neuf années et renouvelables par tiers tous les trois ans. L'initiative des lois n'appartient qu'au Roi et à la seconde Chambre.

Ce système séduit tout d'abord par sa simplicité. Son fonctionnement est si régulier, si satisfaisant en Hollande que d'excellents esprits ont proposé de l'appliquer à la France.

Mais dans notre pays, où les idées sont bien plus démocratiques que dans les Pays-Bas, les bases sur lesquelles il repose paraîtraient incontestablement trop étroites. S'il existe entre les institutions d'un peuple et sa prospérité le rapport de cause à effet, nous devons remarquer que la Hollande, riche et sage à la fois, marche d'un pas assuré dans les voies du progrès sans secousses et sans révolutions.

BELGIQUE

La Belgique est en grande partie l'œuvre de la France, à laquelle du reste la rattachent maintes affinités. Pourquoi, hélas! notre pays n'a-t-il point cette sagesse politique qui est le partage de la Belgique? Ce peuple si récemment constitué doit être pour nous un exemple et un enseignement. Par la Constitution du 7 février 1831, il établissait une Chambre haute appelée Sénat sur des bases bien plus démocratiques que celles adoptées dans la plupart des États constitutionnels. Le Sénat se compose d'un nombre de membres égal à la moitié des députés, élus pour huit ans et renouvelables par moitié tous les quatre ans. Les conditions de l'électorat sont les mêmes que pour les élections de la Chambre des représentants. Tout Belge ou tout individu ayant obtenu la grande naturalisation, âgé de vingt et un ans accomplis et payant un cens de 20 florins (42 fr. 32 cent.) a le droit de vote, pourvu qu'il ne soit sous le coup d'aucune des incapacités déterminées par la loi. Pour être éligible au Sénat, il faut être Belge de naissance ou avoir le bénéfice de la grande naturalisation, jouir de ses droits civils et politiques être domicilié en Belgique, avoir quarante ans et enfin payer 1,000 florins d'impositions directes, patentes comprises. Dans les provinces où le nombre des citoyens payant 1,000 florins d'impôts directs n'atteint pas la proportion de un sur six mille âmes de population, il est complété par les plus imposés jusqu'à concurrence de cette proportion: L'héritier présomptif du trône est sénateur de droit à dix-huit ans, mais n'a voix délibérative qu'à vingt-cinq ans. Le Sénat a l'initiative des lois, comme la seconde Chambre, mais les lois relatives aux finances et au recrutement doivent d'abord être discutées par les députés.

Un cens d'éligibité plus élevé, un mandat d'une durée plus longue, telles sont les seules différences qui existent entre le Sénat et la Chambre des représentants tous les deux émanés du même corps électoral. Et cependant il ne semble pas que les sénateurs aient failli à cette mission de contrôle et de modération qui est dévolue à toutes les Chambres hautes. Ce résultat fait honneur à la sagacité politique du pays et de ses élus, mais peut-être serait-il tout différent si, au lieu de se faire par le suffrage censitaire, les élections s'effectuaient par le suffrage universel.

SUISSE

D'après la Constitution du 12 septembre 1848, c'est l'Assemblée fédérale qui exerce le pouvoir suprême. Elle se compose du Conseil national et du Conseil des États. Ces deux conseils procèdent en commun à l'élection de sept membres qui, sous le nom de Conseil fédéral, forment le pouvoir exécutif. Ils ont les mêmes attributions législatives, mais tandis que les membres du Conseil national sont nommés au scrutin direct, eu égard à la population, un par 20.000 habitants, les membres du Conseil des États sont élus de la façon fixée par la loi cantonale, sans égard à la population. C'est le Conseil des États qui, en Suisse, remplit le rôle de Chambre haute. A Glaris, à Uri, à Appenzell, ses membres sont nommés par le peuple réuni sur la place publique. A Zurich ils sont élus par le suffrage direct. Dans la plupart des autres États, l'élection est faite par les Grands-Conseils. Quant aux conditions de l'électorat et de l'éligibilité elles sont très-larges : tout Suisse, âgé de vingt ans révolus, et qui n'est point exclu du droit de citoyen actif par la législation du canton où il a son domicile, a le droit de vote; tout citoyen laïque ayant le droit de vote est éligible. Les naturalisés ne peuvent être élus qu'après cinq années de possession du droit de cité.

RÉPUBLIQUES ESPAGNOLES DU NOUVEAU-MONDE

Si l'on devait juger exclusivement les institutions des peuples d'après les fruits qu'elles portent, nous devrions nous abstenir complétement d'apprécier l'organisation des Chambres hautes qui existent dans les républiques espagnoles Depuis longues années, en effet, ces pays se débattent au milieu d'une anarchie qui ne permet guère à leur législation de fonctionner régulièrement. Toutefois il nous paraît intéressant d'analyser les dispositions constitutionnelles qui se réfèrent à quelques-unes de ces Chambres hautes: de ce travail découlera en effet cet enseignement salutaire, que si les premières Chambres de notre pays, héréditaires et nommées par le pouvoir, ont été trop souvent impuissantes à prévenir les révolutions, les Assemblées du Nouveau-Monde produit de l'élection, ne savent pas davantage empêcher les abus de la force, coups d'État ou renversement du pouvoir.

Nous n'avons point à nous occuper du Mexique, de la Bolivie et du Honduras qui, on s'en souvient, ont adopté le régime des Assemblées uniques. Par la Constitution de 1853, la Confédération Argentine, qui est composée de quatorze provinces unies par un lien fédératif, a organisé un Sénat. Les sénateurs sont élus par les Chambres législatives de chaque province, à raison de deux par province et dans la forme prescrite par chaque législation particulière. La durée de leur mandat est de neuf années. Quant à leurs attributions, elles sont les mêmes que celles des députés.

Au Chili, le Sénat se compose de vingt membres élus par

le vote à deux degrés. Les électeurs primaires sont les mêmes que ceux qui nomment les députés. Le droit de suffrage appartient à tout citoyen âgé de vingt-cinq ans accomplis, s'il est célibataire, et de vingt et un ans, s'il est marié, qui sait lire et écrire et possède une propriété immobilière, ou un capital équivalent appliqué à quelque espèce de commerce ou d'industrie. (La valeur de la propriété immobiliere ou du capital est fixée pour chaque province, tous les dix ans, par une loi spéciale.) Ceux qui exercent une industrie ou un art, qui jouissent d'un emploi, d'une rente ou d'un usufruit dont les émoluments ou les produits équivalent au produit de la propriété immobilière ou du capital ci-dessus mentionnés peuvent également prendre part aux élections. Ces électeurs primaires nomment des électeurs sénatoriaux dont le nombre doit être triple de celui des députés de chaque département, et qui doivent réunir toutes les conditions exigées des candidats à la députation, c'est-à-dire jouir de leurs droits civils et politiques, avoir le droit de vote et posséder un revenu minimum de 500 piastres (2,500 fr.). Pour être sénateur, il faut être en possession de ses droits de citoyen, avoir trente-six ans révolus, justifier d'un revenu de 2,000 piastres et n'avoir jamais été condamné pour délit. Le Sénat est élu pour neuf années et se renouvelle par tiers tous les trois ans. Sauf en matière d'impôt et de recrutement où la Chambre des députés doit être saisie la première de la discussion des projets de lois, les deux Chambres ont les mêmes attributions.

Dans la Colombie, le Sénat est composé de plénipotentiaires qui sont choisis par les États confédérés considérés comme des entités politiques. Chaque État nomme trois sénateurs et l'élection est réglée par les Constitutions particulières. Les deux Chambres ont l'initiative en toute espèce de matières.

Dans l'Équateur, le Sénat est nommé au scrutin direct, à raison de deux sénateurs par province. Les conditions exigées pour l'électorat sont d'être Équatorien, d'appartenir à la religion catholique, de savoir lire et écrire, d'être marié ou âgé de vingt ans révolus, de posséder en rentes ou en biens-fonds un capital de 200 piastres, et de faire partie de la paroisse dans laquelle se fait l'élection. Pour être éligible au Sénat, il faut être Équatorien de naissance, exercer ses droits civils et politiques, avoir trente-cinq ans accomplis, posséder une propriété foncière d'une valeur libre de 4,000 piastres ou un revenu annuel de 500 piastres, provenant d'une industrie ou profession quelconque. Les sénateurs sont nommés pour neuf ans et renouvelés par tiers tous les trois ans. Ils ont les mêmes pouvoirs législatifs que les députés.

Au Pérou, le Sénat est nommé au scrutin à deux degrés. Pour être élu sénateur, il faut être Péruvien de naissance, avoir trente-cinq ans accomplis, jouir de ses droits civils et politiques et posséder un revenu minimum de 1,000 piastres. Les conditions de l'électorat sont les mêmes, qu'il s'agisse des colléges primaires ou des colléges secondaires des élections à la Chambre des députés ou au Sénat. A le droit de vote tout citoyen âgé de vingt ans ou même plus jeune, s'il est marié, qui n'est ni interdit, ni failli, ni condamné à une peine infamante, qui sait lire et écrire, est chef d'atelier, possède un immeuble, quelle qu'en puisse être la valeur, et paye une contribution, quelles qu'en soient la nature et la quotité. Aucune condition spéciale n'est exigée des électeurs secondaires, dont le nombre est proportionné à la population. Les sénateurs sont élus pour six ans et renouvelés par tiers tous les deux ans. Le Sénat et la Chambre des députés ont les mêmes attributions législatives, mais le droit d'initiative appartient exclusivement au président de la République.

Ce qui doit être remarqué surtout dans les dispositions constitutionnelles que nous venons d'analyser, c'est le prix que les républiques du Nouveau-Monde attachent à l'instruction primaire. En France, la Convention, par l'article 16 de la Constitution du 5 fructidor an III, avait imposé la même condition à l'électorat, mais cette disposition. qui ne devait recevoir d'exécution qu'en l'an XII, n'a jamais été appliquée.

Peut-être y aurait-il lieu d'exiger aujourd'hui de notre législation qu'après un certain nombre d'années tous ceux qui, à l'époque de leur majorité publication politique, se feraient inscrire sur les listes électorales, devraient savoir lire et écrire.

Dans la Confédération de Vénézuéla, le Sénat se compose de membres élus, au nombre de deux par État, et suivant le mode adopte par la législature particulière de chaque État. Les deux Chambres ont le droit d'initiative au même degré.

Dans la République de Salvador, le Sénat est élu au suffrage direct, par les électeurs qui nomment les députés, à raison d'un sénateur par trente mille âmes. Il faut, pour être sénateur, avoir trente-trois ans révolus, être originaire de la République, avoir depuis un an au moins, son domicile dans le département où se fait l'élection, posséder un capital libre de 2,000 piastres au moins, placé en biens-fonds sur le territoire du Salvador, être d'une honorabilité notoire, et enfin ne pas avoir perdu les droits de citoyen depuis cinq ans avant l'élection. Les citoyens des autres républiques de l'Amérique centrale sont éligibles s'ils justifient d'une fortune libre de 5,000 piastres, placée en biens-fonds dans le Salvador, et d'un domicile de dix ans dans le département où a lieu l'élection, pourvu d'ailleurs qu'ils réunissent les autres conditions que nous venons d'énumérer.

Les électeurs, en même temps qu'ils nomment un sénateur, choisissent un suppléant qui doit le remplacer dans le cas où le titulaire, pour un motif quelconque, cesserait d'accomplir son mandat. Le Salvador est un des rares États où l'on trouve encore en vigueur cette disposition législative qui fut appliquée en France pour l'élection de l'Assemblée constituante, pour celles de l'Assemblée législative et de la Convention et qui, il faut le reconnaître, avait bien sa raison d'être. Le droit de vote appartenait à tout citoyen âgé de vingt et un ans, qui est père de famille ou chef de maison, ou qui sait lire et écrire et a les moyens d'une existence indépendante. Par un privilége spécial, ceux qui sont pourvus d'un grade littéraire sont électeurs dès l'âge de dix-huit ans. Le

Sénat et la Chambre des députés ont au même degré l'initiative des lois.

ÉTATS-UNIS

La Constitution fédérale du 4 mars 1789 que, depuis longues années, on nous propose comme un modèle, a institué un Sénat. Si la Chambre des représentants est l'élément mobile du gouvernement des États-Unis, le Sénat en est l'élément conservateur. Il se compose de deux membres par État, élus par la législature particulière de cet État et ayant chacun un vote. Cette haute Assemblée est nommée pour six ans et se renouvelle par tiers tous les deux ans. Pour être éligible, il faut être âgé de trente ans révolus, avoir été pendant neuf ans citoyen des États-Unis et être, au moment des élections, habitant de l'État qu'on veut représenter. Le Sénat est présidé par le vice-président des États-Unis, qui n'a droit de vote qu'en cas de partage.

Le Sénat fédéral nous offre ainsi une application d'un nouveau genre du suffrage à deux degrés. Pour se faire une idée complète de la constitution de cette Assemblée, il est nécessaire d'analyser la législation électorale en vertu de laquelle sont nommées les Chambres législatives des principaux États. Les conditions générales de l'électorat sont l'âge de vingt et un ans et la résidence dans l'État pendant un temps déterminé. Quelques États exigent la jouissance d'un certain revenu, ou la possession d'un certain capital, en terres ou biens meubles, ordinairement en terres.

Un domicile d'une année dans l'État et de six mois dans la circonscription électorale est exigé dans la Floride, l'Illinois, Indiana, Massachusetts, Minnesota, Missouri, New-Jersey, Rhode-Island, Ohio, Caroline du Sud, Vermont, Virginie occidentale et Wisconsin. Dans le Kentucky, la résidence est d'un an dans l'État et de dix jours dans la circonscription; elle est de six mois dans l'État et de trente jours dans la circonscription dans l'Alabama, la Californie, le Connecticut, le Delaware, la Géorgie, le Kansas, le Mississipi, le Nevada, la Caroline du Nord et l'Orégon, d'un an dans l'État et de six mois dans la circonscription pour New-York.

Lors de la publication de *la Démocratie en Amérique* par M. de Tocqueville, dix-neuf États sur vingt-six exigeaient un an. Cette condition est moins générale aujourd'hui. Cependant, pour être électeur dans l'État de New-York, il faut, dans l'année qui aura précédé les élections, avoir payé à l'État ou au comté une taxe foncière ou personnelle. Dans le Rhode-Island, le citoyen né dans l'État doit justifier d'un revenu de 5 dollars, l'électeur étranger à l'État, d'un capital de 134 dollars ou d'un revenu de 7 dollars.

Le droit de suffrage est encore subordonné à d'autres conditions dont nous mentionnerons quelques-unes. Dans certains États, à défaut d'inscription au rôle des contributions directes, il faut être chef de famille et maître de maison. Dans le Vermont, il faut être d'une conduite tranquille et pacifique; dans le Connecticut et le Massachusetts, savoir lire un article de la Constitution et signer son nom. Dans la Caroline du Sud, le droit de vote est refusé à ceux qui nient l'existence de Dieu ou qui ont été condamnés pour trahison, parjure, prévarication ou autre crime infâme.

En somme, quoique plus restrictive que la nôtre, cette législation est encore très-libérale.

L'initiative des lois appartient au Sénat aussi bien qu'à la Chambre des représentants, sauf en matière d'impôt où elle est le partage exclusif de cette dernière. Indépendamment de ses attributions législatives, le Sénat exerce encore les fonctions de haute Cour de justice dans les cas de mise en accusation par la Chambre des représentants. Lorsqu'il remplit cette mission, ses membres prêtent un serment spécial. Si c'est le président des États-Unis qui est mis en jugement, le chef de la justice (chief justice) préside. Aucun accusé ne peut être déclaré coupable qu'à la majorité des deux tiers des membres présents. Les pénalités qu'inflige le Sénat consistent uniquement dans la privation pour le coupable des places qu'il occupe et dans la déclaration qu'il est incapable d'exercer les fonctions publiques. Les peines de droit commun sont prononcées par les tribunaux ordinaires. Cette restriction apportée au pouvoir d'un corps politique qui ne peut infliger que des peines politiques nous paraît juste et rationnelle : il y a là un exemple à imiter pour les plus anciennes nations de l'Europe.

III

Nous avons terminé l'étude des conditions d'organisation des Chambres hautes dans les principaux États constitutionnels du monde. Si nous jetons un regard d'ensemble sur les divers pays que nous avons parcourus, nous voyons que les peuples les plus libres, les plus puissants et les plus prospères sont la Grande-Bretagne, la Prusse et l'Autriche. Ces nations ont admis, dans la formation de leurs premières Assemblées, deux éléments également féconds : l'un est l'hérédité d'où découlent, par une conséquence toute naturelle, l'autorité, l'esprit de suite, le respect des traditions, l'indépendance des opinions ; l'autre est la nomination par le souverain qui s'attache au mérite, récompense les services rendus au pays et donne à tous, sans distinction de classes, un libre accès à la Chambre haute. Si donc il existe entre les institutions d'un peuple et sa prospérité cette relation de cause à effet que l'on est tenté d'y voir, nous ne saurions mieux faire que de suivre des exemples consacrés par le temps qui à l'autorité d'une longue pratique réunissent la séduction d'avantages politiques et sociaux incontestables. Mais une nation ne peut s'abstraire des conditions d'existence qui lui sont faites : elle ne peut, sans le plus grand péril, adopter des institutions qui ne sont en rappport ni avec ses mœurs, ni avec son tempérament. Est-il besoin de le dire? Avec les mœurs et le tempérament démocratiques que nous avons depuis plus de quatre-vingts ans, l'institution d'une Chambre haute fondée sur l'hérédité combinée avec le choix du pouvoir est impossible. Il ne faut donc pas s'arrêter à une idée qui n'a pu être acceptée sous le gouvernement de Juillet, et qu'à un autre point de vue on ne saurait réaliser en France. Nous n'avons pas dans notre pays une aristocratie comme en Angleterre, en Autriche, en Prusse : comment donc pourrions-nous instituer un pairie héréditaire?

La nomination à vie par le chef du pouvoir est un système qui, depuis la loi de 1831, a été pratiqué en France par la monarchie de Juillet d'abord, puis par le second Empire. L'Italie et quelques autres nations européennes l'appliquent également à leurs Chambres hautes. Mais ces États n'ont pas vu, comme nous, deux révolutions renverser en peu d'années une institution qui semblait présenter tant de garanties de stabilité et de durée. Certes personne ne peut méconnaître que la Chambre des pairs a rempli consciencieusement la mission de contrôle et de modération qui est la raison d'être de toute Chambre haute. Mais elle n'avait pas à côté d'elle les élus du suffrage universel. A des situations différentes il faut faire face par des institutions différentes. Le choix du chef du gouvernement, si éclairé, si impartial qu'on le suppose, dût-il s'effectuer dans des catégories strictement déterminées d'avance, ne peut donc former à lui seul la base sur laquelle on devra édifier notre future Chambre haute.

Nous adopterons en conséquence un système mixte d'après lequel nous donnerons place, dans notre première Assemblée, à des membres de droit, à des membres élus nommés ou non par le pouvoir de la façon qui sera expliquée plus loin, et enfin à des membres choisis par le chef du gouvernement. Il est certaines illustrations qui appartiennent de droit au premier corps politique dans presque tous les États constitutionnels. Leur prestige personnel ne fait qu'accroître l'autorité de l'Assemblée dont ils font partie. Nous admettrons donc comme membres de droit à la Chambre haute les cardinaux, maréchaux et amiraux, les premiers présidents de la Cour de cassation et de la Cour des comptes. Quant aux membres élus, issus du suffrage, puisant dans cette origine une influence que n'ont jamais eue nos anciennes Chambres hautes, ils communiqueront au Sénat la force dont eux-mêmes seront pourvus. Mais est-ce à dire que cette force leur suffira et qu'il ne serait pas opportun d'y ajouter un autre élément d'autorité? Pour accomplir sa mission modératrice et s'interposer utilement dans les conflits qui peuvent surgir entre le chef du pouvoir et la Chambre des députés, le Sénat ne saurait présenter trop de garanties. Nous croyons donc qu'au choix du suffrage les membres élus devraient réunir le choix du gouvernement, qu'aux avantages résultant de l'élection ils devraient joindre les avantages incontestables d'une nomination par le pouvoir. Dans ce système, les électeurs nommeraient un nombre de sénateurs double de celui que la loi attribuerait à chaque circonscription électorale, et c'est sur cette liste de présentation d'un nouveau genre que se feraient les choix du chef du gouvernement. Cette idée, que nous émettons sans la produire en termes absolus, nous paraît être pratique et en harmonie avec les principes du droit constitutionnel.

A quels électeurs devra-t-on attribuer la nomination des membres de la Chambre haute? Les fera-t-on élire, comme en Belgique, par ceux-là mêmes qui déjà nomment les députés, sauf à rendre les conditions d'éligibilité plus étroites et plus sévères? Ce système est celui du projet de M. Dufaure. Très-séduisant dans sa simplicité, il a pour lui l'exemple d'un peuple voisin qui le pratique depuis plus de quarante ans et qui, par sa sagesse politique et par sa prospérité, peut servir de modèle aux plus puissants États. Sans méconnaître les heureux résultats qu'il produit en Belgique, nous devons remarquer qu'il n'y a pas identité entre la législation électorale de ce pays et du nôtre. Tandis que la France admet le suffrage universel, la Belgique vit encore sous l'empire du suffrage restreint. Il est donc impossible de soutenir que, dans un milieu différent, les mêmes effets se produiraient et l'on peut supposer à bon droit que, si le Sénat belge était élu par le suffrage universel, son fonctionnement ne serait ni aussi régulier ni aussi parfait. A un autre point de vue, ce mode d'élection ne saurait être adopté. Il ne faut pas oublier le caractère particulier que doit avoir la Chambre haute. Son rôle ne se borne pas à contrôler les décisions de la seconde Chambre, à reviser et modifier les lois qu'elle a votées : elle a une mission plus délicate à remplir, qui consiste à être l'intermédiaire obligé entre le pouvoir et l'Assemblée populaire, à calmer les dissentiments, à apaiser les conflits qui peuvent s'élever entre eux. Un Sénat nommé par le suffrage universel, fût-ce même partiellement, puisant dans une origine commune le même esprit que la Chambre des députés, loin de servir de contre-poids aux influences populaires, épouserait les passions politiques de la seconde Chambre : la situation s'envenimerait bientôt, et le pouvoir ne tarderait pas à se trouver dans cette alternative funeste, ou d'être renversé par une révolution, ou d'être contraint de faire un coup d'État pour sa défense.

Les Pays-Bas et les États-Unis ont résolu le problème constitutionnel qui nous occupe en faisant élire leurs Chambres hautes, les uns par les États provinciaux, les autres par les Chambres législatives de chaque État. C'est là une application du suffrage à deux degrés. Plusieurs députés, plusieurs publicistes en ont proposé l'imitation dans notre pays. Les Conseils généraux nommeraient les sénateurs. Sans doute les choix faits par un corps électoral aussi compétent seraient excellents. Mais la totalité des membres des Conseils généraux n'étant que de 2,922, ce nombre si restreint constituerait une base trop étroite pour l'élection du Sénat, et l'autorité si indispensable à notre Chambre haute en serait amoindrie. Selon certains esprits, pour fonder l'institution du Sénat sur un suffrage à deux degrés suffisamment large et étendu, il faudrait adjoindre aux Conseils généraux les membres des Conseils d'arrondissement et des Conseils municipaux. De cette manière tous les corps électifs, devenus électeurs eux-mêmes, communiqueraient à la Chambre haute la force qu'eux-mêmes trouvent dans le suffrage universel. Tout le monde admet l'adjonction des Conseils d'arrondissement, mais ceux qui réclament celle des Conseils municipaux en masse, oublient qu'il y a environ 36,000 communes en France. L'élément municipal aurait donc une prépondérance exorbitante qui le rendrait maître absolu des élections. Pour nous, il nous paraît sage de donner une place à tous les corps électifs dans la constitution de l'électorat sénatorial : aussi, sans nous préoccuper de l'inconvénient qu'il y aurait à introduire la politique au sein des Conseils municipaux, inconvénient qui existe déjà en fait et que nous n'aggraverions pas, nous comprendrions volontiers le premier conseiller municipal élu parmi les électeurs de la Chambre haute. Ainsi constitué, le corps électoral serait encore trop restreint.

Est-il possible d'attribuer la nomination des sénateurs aux électeurs censitaires de la monarchie de Juillet? Une proposition en ce sens a été faite à l'Assemblée nationale, mais nous ne croyons pas qu'elle ait chance d'être accueillie. La loi du 19 avril 1831, qui déterminait les conditions de l'électorat, était très-étroite : si elle faisait aux intérêts matériels, au commerce, à l'industrie et à la propriété une part relativement large, elle excluait les intérêts intellectuels et moraux. Ce serait donc un véritable non-sens politique que d'appliquer ses dispositions à l'élection du Sénat.

Ainsi, de quelque côté que l'on envisage l'électorat sénatorial, on se trouve en face de l'impossibilité bien constatée de composer le corps électoral d'éléments uniformes et homogènes. Notre amour de la symétrie s'en trouvera contrarié. Mais il faut en prendre son parti : puisque les intérêts ne semblent pas devoir être représentés dans la Chambre des députés, ce qui nous paraît une faute, on doit au moins assurer leur représentation dans le Sénat. Ce résultat ne peut être obtenu qu'en formant un corps d'électeurs les résumant tous, et en imposant au pouvoir, ainsi que nous l'expliquerons plus loin, l'obligation de faire ses choix dans des catégories qui puissent les personnifier on quelque sorte.

Le collége électoral appelé à élire les sénateurs devra donc, dans chaque circonscription se composer : 1° des députés et anciens députés, des sénateurs en exercice ; 2° des conseillers généraux ; 3° des conseillers d'arrondissement ; 4° du premier conseiller municipal élu dans chaque commune ; 5° des présidents, vice-présidents et conseillers des Cour d'appel, des présidents, vice-présidents et juges titulaires des tribunaux de première instance ; 6° des archevêques, évêques, membres du chapitre diocésain et curés inamovibles ; 7° des présidents de consistoires protestants et israélites ; 8° des membres des tribunaux et des Chambres de commerce ; 9° des bâtonniers et anciens bâtonniers de l'ordre des avocats, des présidents de Chambres de notaires et d'avoués ; 10° des doyens, professeurs de Facultés, membres des académies provinciales et inspecteurs des écoles primaires ; 11° des officiers généraux du cadre de réserve, des officiers généraux et supérieurs en retraite des armées de terre et de mer et des fonctionnaires des ministères de la guerre et de la marine qui leur sont assimilés par décret ; 12° des présidents et vice-présidents de Chambres, conseillers et juges honoraires ; 13° des fonctionnaires appartenant à l'ordre administratif et judiciaire, aux finances, en activité ou en retraite après dix ans de service ; cette catégorie sera délimitée par un règlement d'administration publique, mais on devra y comprendre les préfets, sous-préfets, receveurs des finances, trésoriers-payeurs généraux, inspecteurs et directeurs de l'enregistrement, des contributions directes et indirectes, des forêts, des manufactures de l'État, les ingénieurs en chef des ponts et chaussées et des mines, les juges de paix, etc. ; 14° des grands-croix, grands officiers, commandeurs, officiers et chevaliers de la Légion d'honneur ; 15° des contribuables les plus imposés à la contribution foncière dans la proportion de deux sixièmes du collége entier et des contribuables les plus imposés à la contribution des patentes dans la proportion d'un sixième du collége entier. Dans le département de la Seine le collége comprendra en outre les membres du Conseil d'Etat, de la Cour de cassation et de la Cour des comptes, les membres de l'Institut, de l'Académie de médecine, du Collége de France, les professeurs du Jardin des plantes et de la bibliothèque nationale.

Il n'y a pas lieu d'imposer au corps électoral dont nous venons d'établir la composition l'obligation de choisir ses élus dans certaines catégories de citoyens déterminées d'avance. Ces restrictions apportées à la liberté du vote seraient excessives et impolitiques. Mieux vaudrait confier au chef du pouvoir la nomination de tous les sénateurs que d'adopter une disposition empreinte d'une défiance aussi marquée à l'égard des électeurs sénatoriaux. Les conditions d'éligibilité ne devront donc porter que sur le domicile et l'âge. Il suffira pour être élu au Sénat d'être domicilié sur le territoire français, de jouir de ses droits civils et politiques et d'avoir quarante ans accomplis. Cet âge est celui qui avait été fixé par la Constitution de l'an III pour être éligible au Conseil des Anciens ; c'est aussi celui qui est exigé par les législations belge et italienne pour être sénateur. Il présente toutes les garanties de maturité et d'expérience voulues.

Mais s'il est impossible de circonscrire les choix du suffrage, il est au contraire très-prudent et très-politique d'imposer au pouvoir l'obligation de prendre les sénateurs qu'il devra nommer dans des catégories spécifiées d'avance, sous la réserve pour les membres de la Chambre haute de remplir les conditions générales d'éligibilité qui viennent d'être énoncées. Il ne faut pas en effet que, sous l'empire d'influences puissantes ou sous le coup de circonstances impérieuses, les choix du gouvernement puissent s'égarer ou être taxés de favoritisme. Les membres de la Chambre haute nommés par le chef du pouvoir devront donc être choisis dans les catégories suivantes : 1° les députés et anciens membres des assemblées législatives; 2° les ministres et les anciens ministres; 3° les membres du conseil d'État, de la Cour de cassation et de la Cour des comptes ainsi que les procureurs généraux près les mêmes Cours; 4° les premiers présidents et procureurs généraux dans les Cours d'appel; 5° les présidents et les anciens présidents des conseils généraux; 6° les membres de l'Institut; 7° les membres nommés des conseils supérieurs de l'agriculture, du commerce et de l'industrie, et de l'instruction publique; 8° les archevêques et évêques; 9° les présidents des deux consistoires de la confession d'Augsbourg qui comptent le plus grand nombre d'électeurs et des deux consistoires de la religion réformée qui en ont également le plus grand nombre; 10° le président et le grand rabbin du consistoire central des israélites de France; 11° les ambassadeurs et ministres plénipotentiaires en activité ou en retraite; 12° les généraux de division, les vice-amiraux en activité de service et dans le cadre de réserve les gouverneurs de l'Algérie et des colonies après trois ans de service; 13° les préfets en activité de service et les maires des villes de 40,000 âmes; 14° les directeurs et secrétaires-généraux des administrations centrales des ministères; 15° les gouverneurs et régents de la Banque de France; 16° les inspecteurs généraux des mines, des ponts et chaussées et des prisons; 17° les citoyens qui payent 3,000 francs de contribution foncière ou 3,000 francs de patente.

En dehors des catégories spécifiées, le président de la République pourra choisir dix sénateurs parmi les citoyens qui ont rendu des services éminents à l'État. Cette disposition du projet de M. de Broglie nous paraît excellente.

Le mandat des sénateurs choisis par le pouvoir durera neuf ans. Si notre régime politique était plus définitif, il y aurait lieu de les nommer à vie. Pour atténuer ce que la situation du Sénat aura de précaire et lui donner toutes les garanties d'indépendance et d'autorité nécessaires à sa mission, on lui conférera l'inamovibilité. Quant aux membres élus, leurs fonctions dureront neuf années et ils se renouvelleront par tiers tous les trois ans. Le nombre des sénateurs sera de trois cents, non compris les membres de droit. Cent seront choisis par le président de la République, deux cents seront élus. Cette élection sera faite dans des conditions à détérminer d'après le chiffre de la population dans chaque département.

Le Sénat devra avoir les mêmes attributions que la Chambre des députés. Il ne sera pas même fait d'exception pour les lois financières. Dans la situation obérée où se trouve la France le contrôle est au moins aussi nécessaire en matière d'impôt qu'en toute autre matières. Quant aux attributions judiciaires qu'on pourrait être tenté de donner au Sénat, nous croyons qu'il ne serait ni sage ni politique de lui confier la mission de juger le président de la République et les ministre ou les attentats commis contre la sûreté de l'État. Certes, comme autrefois la Chambre des pairs, il statuerait sur les procès politiques qui lui seraient déférés avec toute l'indépendance, toute la fermeté nécessaires. Loin de nous l'idée d'en douter un seul instant, mais son prestige et son autorité pourraient être amoindris par une prérogative qui l'exposerait aux attaques passionnées des partis. Laissons donc à une haute Cour de justice constituée chaque année en vertu d'une loi spéciale le soin de juger les crimes politiques spéciaux que le dernier projet de loi déposé à l'Assemblée veut déférer au Sénat.

Le Sénat ne serait point en mesure d'exercer sa haute autorité dans toute sa plénitude, si l'on n'accordait pas au Président de la République un droit qui est d'ordinaire l'apanage exclusif de la royauté : nous voulons parler du droit de dissolution. Ce droit exceptionnel est la conséquence du rôle même qui est tracé à la Chambre haute. Arbitre légal et nécessaire des différends qui s'élèvent entre les députés et le pouvoir, que fera-t-elle si elle se trouve en face d'une autre Chambre élue dans l'entraînement des passions politiques, cédant aux influences les plus hostiles et cherchant à renverser le gouvernement qu'elle doit contrôler et éclairer? Elle sera impuissante et demeurera désarmée devant la révolution qui sera imminente. Il est donc opportun de réagir énergiquement contre ces brusques mouvements politiques que les nations expient souvent par la perte de leurs libertés et de leurs institutions, et, pour y parvenir, il faut donner au chef du gouvernement le droit de dissoudre la Chambre des députés, mais à la condition expresse qu'il ne pourra le faire que d'accord avec le Sénat.

Réunie à la Chambre des députés, la Chambre haute se formera en congrès pour régler la transmission des pouvoirs, à l'expiration du mandat conféré pour sept ans au président de la République, et procéder à l'élection de son successeur, s'il y a lieu.

Le Sénat ainsi constitué présentera toutes les garanties d'autorité et de stabilité que comporte sa haute mission. Cette assemblée dans laquelle se concentreront toutes les forces vives de la nation, qui sera la représentation de tous les intérêts, pourra-t-elle asseoir sur une base désormais inébranlable, l'édifice de nos libertés constitutionnelles? Nous devons l'espérer, si fidèle à son rôle modérateur, elle sait opposer à la démocratie qui déborde un contre-poids assez puissant pour arrêter les révolutions, si hostile aux innovations imprudentes, mais amie de tout ce qui améliore sans ébranler, elle parvient à faire prévaloir dans la France régénérée le respect des traditions et l'esprit bien entendu de progrès, ces deux vertus politiques des peuples forts.

Sancerre, 16 décembre 1874.

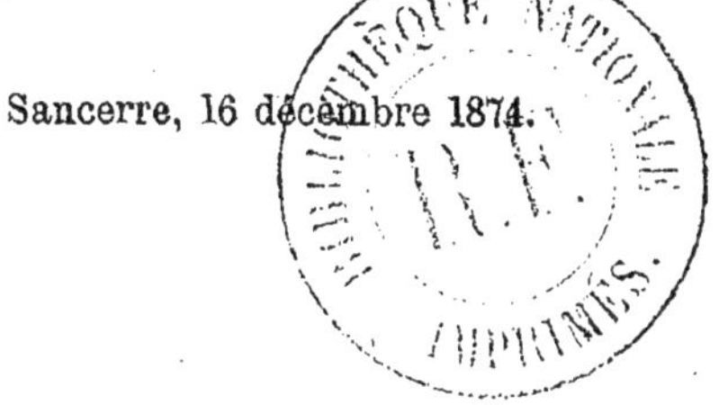

2753. Paris. — Imprimerie Arnous de Rivière, rue Racine, 26.

www.ingramcontent.com/pod-product-compliance
Ingram Content Group UK Ltd.
Pitfield, Milton Keynes, MK11 3LW, UK
UKHW020450230726
13925UKWH00005B/1848

9 782014 050066